MITOLOGÍA NÓRDICA

Relatos de Mitos Nórdicos, Dioses, Diosas, Gigantes, Rituales y Creencias Vikingas.

Kory Aumont

©Copyright 2020 por Cascade Publishing

Todos los derechos reservados.

No se permite la reproducción, duplicación o transmisión de ninguna parte de este documento, ni en formato electrónico ni en formato impreso. La grabación de esta publicación está estrictamente prohibida.

CONTENIDO

INTRODUCCIÓN 1

Capítulo Uno 3

Los Vikingos 3

    Agricultura Vikinga 5

    La Sociedad Vikinga 7

Capítulo Dos 9

La Creación Del Mundo Según La Tradición Nórdica 9

    Asgard 9

    Midgard 10

    Vanaheim 10

    Jotunheim 10

    Niflheim 11

    Muspelheim 11

    Alfheim 11

    Svartalfheim 11

    Hel 12

    Historia de la Creación Nórdica 12

    La Vida Después de la Muerte 14

    Valhalla 15

    Las Valquirias 17

Capítulo Tres 19

Dioses Y Diosas Nórdicos 19

    Dioses y diosas de Aesir 19

        Odín 19

        Thor 20

        Tyr 21

        Loki 21

- Frigg 22
- Baldur 23
- Heimdall 24
- Idun 24
- Bragi 24
- Vili y Ve 25
- Forseti 25
- Gevjun 25
- Sif 26
- Ullr 26
- Hermod 27
- Sigyn 27

Dioses y diosas de Vanir 28
- Freya 28
- Freyr 28
- Njord 29
- Nerthus 29

Jotuns (Gigantes) 30
- Ymir 31
- Skadi 32
- Fenrir 32
- Hel 32
- Jormungand 34

La guerra Aesir-Vanir 34

Capítulo Cuatro 37
Relatos De La Mitología Nórdica 37
- El Aguamiel de la Poesía 37
- Loki y los Enanos 40
- La fortificación de Asgard 43
- ¿Por qué Odín es Tuerto? 45

El Descubrimiento de las Runas por parte de Odín 46
El secuestro de Idun 47
El matrimonio de Njord y Skadi 50
Las ataduras de Fenrir 51
La historia de Utgarda-Loki 53
La pesca de Jormungand 58
El Disfraz de Thor 59
El Duelo de Thor con Hrungnir 61
La muerte de Baldur 63
La atadura de Loki 64
Ragnarok 66
Conclusión **68**

INTRODUCCIÓN

Antes de su conversión al cristianismo, los pueblos nórdicos (conocidos también como vikingos) tenían su propio sistema de creencias nativas, que era rico y dinámico. El núcleo de esta religión nativa es ahora lo que llamamos Mitología Nórdica. La misma está llena de historias y tradiciones que nos permiten asomarnos a la vida de los vikingos. Como la mitología griega y romana, la mitología nórdica gira en torno a dioses y diosas con personajes muy complejos pero fascinantes como Loki, Frigga, Thor y Odín.

Resulta interesante notar que la religión de los pueblos nórdicos nunca tuvo un nombre verdadero (es decir, cristianos, musulmanes, judíos, etc.). Aquellos que practicaban los rituales religiosos, que rezaban a su dios o diosa favorita, se adherían a las costumbres de sus antepasados. Sin embargo, aquellos que continuaron con sus antiguas prácticas después de la introducción del cristianismo en Escandinavia fueron llamados "paganos" o personas que vivían en los brezales o en las tierras baldías y el estereotipo se convirtió en parte de la Edad Media.

Básicamente, el principal propósito de la religión es conectar con lo divino, y la religión de los vikingos sigue el mismo camino. La religión nórdica proporcionó formas específicas que se ajustaban a sus tradiciones. Algunos aspectos de la mitología nórdica podrían ser excéntricos para nosotros que vivimos en la era moderna.

Para apreciar estas historias, necesitamos tener una mente abierta para que podamos entender realmente la búsqueda común de vivir una vida significativa. Y aunque han pasado miles de años desde que los guerreros vikingos comenzaron su invasión, todavía nos inspiran sus conquistas y los seres divinos a los que invocan para que les guíen en el cumplimiento de su destino.

Al explorar la mitología nórdica, nos daremos cuenta de que estas personas vivían en un mundo encantado, y su religión nunca fue la de buscar la salvación del sufrimiento de este mundo, sino que más bien buscan conectarse con lo divino para poder maravillarse de su creación. La religión nórdica no hizo que el universo fuera atractivo: la injusticia, la lucha o la sordidez de la humanidad, sino que reconoció y elogió los esfuerzos de dominar el mundo haciendo grandes obras.

Capítulo Uno

Los Vikingos

Con respecto a los vikingos, la gente típicamente evoca imágenes de guerreros bárbaros que arrebataron el infierno a las costas de Europa en la Edad Media. Históricamente esto es cierto, ya que los nórdicos lanzaron cientos de ataques para saquear y asaltar los ricos monasterios, castillos y ciudades. Pero más allá de esta brutal reputación, los vikingos tenían una rica y dinámica cultura que aún tiene su influencia en nuestro mundo moderno hasta el día de hoy.

Los vikingos conformaron la patria de la actual Dinamarca, Noruega y Suecia mucho antes de que se convirtieran en países. Estos países nórdicos eran principalmente rurales sin asentamientos centralizados. A pesar de la opinión común de que todos los vikingos eran guerreros bárbaros, la mayoría de los nórdicos eran agricultores o pescadores.

De hecho, la etimología de la palabra vikingo proviene de la palabra escandinava *vikingr*, que se traduce aproximadamente como pirata. Esta palabra se utiliza básicamente como referencia a los viajes por mar y fue utilizada principalmente por los escandinavos como un verbo. Por lo tanto, *vikingr* significa "vikingo" o marinero. La función del término es más o menos la misma que la usada para hacer "kayak" o "esquí". No todos los viajes por mar eran para asaltar ciudades, ya que el comercio de mercancías era una parte importante del estilo de vida vikingo.

También es interesante notar que los primeros relatos que mencionan a la gente de las Tierras del Norte no se llamaban vikingos. El término solo apareció en el siglo XI. Más bien, los primeros registros se refieren a ellos como Dani (daneses), Pagani (paganos), o Normanni (norteños).

En el año 793 D.C., una banda de nórdicos atacó el monasterio de Lindisfarne - un importante centro religioso del Reino de Northumbria en Inglaterra. Fue el primer relato registrado de una incursión vikinga en la que los monjes fueron masacrados por los guerreros vikingos para robar tesoros, comida y esclavos. Fue el primero de una serie de ataques lanzados por los despiadados piratas que luego atacaron los primeros reinos ingleses durante los siguientes años.

Ciertamente, los vikingos demostraron ser muy despiadados, pero esto es únicamente el caso si juzgamos sus actos basados en la perspectiva cristiana. Para los vikingos, como comprenderán más tarde, morir en batalla es la forma más alta de acto religioso ya que se les permitirá la oportunidad de visitar a Odín en el Valhalla.

Es importante entender que los registros históricos de los ataques vikingos fueron escritos por cronistas cristianos que se vieron amenazados por sus incursiones. Por lo tanto, son naturalmente demonizados en estos relatos. Por ejemplo, el abad Alcuino de York registró dramáticamente el ataque a Lindisfarne. Basado en su relato "la iglesia fue salpicada con la sangre de los sacerdotes de Dios, despojada de todos sus adornos... dada como presa a los paganos".

Sin embargo, hay más en los vikingos más allá de sus destructivas y violentas incursiones. Aparte de sus distintivos ataques brutales, también eran muy hábiles en el comercio. De hecho, muchos nórdicos llegaron hasta Rusia para comerciar con mercancías. También fueron los pioneros en el viaje por mar con sus largas naves eficientemente construidas que navegaban por el Atlántico, e incluso llegaron a Norteamérica cientos de años antes que Cristóbal Colón.

Entre las filas vikingas había artistas que elaboraban sofisticadas joyas, artesanías y otras obras de arte. Muchos de ellos eran poetas que compusieron los versos y sagas que aún podemos leer hoy en día.

Agricultura Vikinga

Si bien los vikingos son famosos por sus feroces incursiones y viajes por mar, los hombres y mujeres también son expertos en el cuidado de su ganado y sus granjas. No se esperaba que los hombres lucharan todos los días, por lo que pasan la mayor parte del año trabajando en las granjas para poder abastecerse de alimentos y otros suministros esenciales para el invierno.

Mientras que se esperaba que los hombres se ocuparan de la granja, las mujeres normalmente se ocupaban del hogar. Confeccionaban ropa, preparaban comida para la familia y cuidaban de los niños. En algunos casos, las mujeres debían cuidar de toda la propiedad, especialmente mientras los hombres estaban fuera en viajes por el mar. Algunas mujeres también participarían en las redadas como doncellas de escudo.

Durante la época de la cosecha, se espera que todos contribuyan en la granja, incluyendo los niños que son fácilmente capaces de participar en tareas ligeras. Sin embargo, los trabajos agrícolas que son físicamente exigentes, como el estiércol de los campos, la construcción de almacenes, o tirar del arado se les da a los esclavos que fueron más comúnmente adquiridos y capturados durante las batallas o incursiones. Los criminales de asesinato o robo también pueden ser castigados como esclavos. Los esclavos serían despojados de sus derechos humanos y considerados similares a los del "ganado".

Los trabajos de hierro se consideraban artesanía especializada y a menudo se realizaban dentro de las granjas y solo se hacían cuando se necesitaban. Los herreros estaban presentes en algunos asentamientos pero generalmente pedían bienes como comida o ropa a cambio de sus servicios.

Aunque la imagen del trabajo en la granja puede parecer pacífica, no lo es para los vikingos. El trabajo era peligroso y todo requería mucho esfuerzo ya que algunas tareas se preparaban a mano. En aquellos tiempos, no había herramientas avanzadas para ayudar a la gente en su trabajo de granja. Además, los vikingos tenían que enfrentar duros inviernos. Muchas de las familias vikingas tenían medios muy limitados para sobrevivir al invierno cuando el trabajo agrícola se veía interrumpido por la hambruna, las incursiones o los desastres naturales.

Como principal medio de transporte, los vikingos usaban caballos. Pero para cargas más pesadas, se utilizaban carros de bueyes y carretas. Los esquís y los trineos también se usaban durante la nieve pesada.

La Sociedad Vikinga

La estructura social de los vikingos estaba compuesta por tres clases: condes, hombres y mujeres libres y esclavos.

Los condes eran la clase noble y estaban en la cima de los estratos sociales. Originalmente, eran caciques o señores de la guerra que habían adquirido guerreros y riquezas a través de batallas e incursiones. Cuando los países escandinavos hicieron la transición a la monarquía, la clase noble se convirtió en aristócratas a los que se les proporcionaron tierras.

Debajo de los condes está la gente libre que se compone de guerreros, agricultores que trabajan en sus propias tierras. Otros hombres y mujeres libres pueden elegir trabajar en otras granjas a cambio de una parte de la cosecha. Los comerciantes, mercaderes o soldados se encuentran entre las filas de otras personas libres. Los derechos y privilegios de la gente libre estaban protegidos por la Ley Vikinga.

Los guerreros vikingos eran fundamentalmente hombres libres que no tenían sus propias tierras o riquezas. Son libres de unirse a las incursiones para poder adquirir riquezas como el oro, y ganar el favor de los señores de la guerra para que se les conceda un pedazo de tierra.

El patriarca de la familia vikinga normalmente elegiría legar la mayor parte de su herencia a sus primogénitos. Por lo tanto, muchos guerreros eran hombres que no habían recibido suficiente herencia de la familia, incluyendo a los segundos y terceros nacidos, etc.

Los esclavos eran la clase más baja de la sociedad vikinga. Los hijos de los esclavos son automáticamente considerados como esclavos y asumen la desafortunada circunstancia. Sin embargo, la gente libre a menudo se convertirá en esclavos si son capturados en la batalla o sometidos a la quiebra. La base para convertirse en un esclavo es la reciprocidad. Los vikingos creían que a cualquiera que fuera capturado en una incursión y se le perdonara la vida, se le daría el regalo de la vida, por lo que debería sacrificar la libertad a cambio de la vida.

La gente libre podría convertirse en esclava si perdiera toda su riqueza. Aquellos que eran pobres tenían la oportunidad de vender su libertad a una persona más rica que a cambio se ocupara de sus necesidades materiales. Esta era la práctica de los vikingos que habían acumulado una gran cantidad de deudas y por lo tanto renunciarían a su libertad como una forma de pago.

Capítulo Dos

La Creación Del Mundo Según La Tradición Nórdica

Yggdrasil, el fresno gigante que crece en el pozo de Urd, es fundamental para la cosmología nórdica. Las ramas del Yggdrasil sostienen los Nueve Reinos, que son las moradas de los diferentes seres del mundo nórdico. Los Nueve Reinos son: Asgard (hogar de las deidades Aesir), Midgard (hogar de los humanos), Vanaheim (hogar de las deidades Vanir), Jotunheim (hogar de los jotuns o gigantes), Niflheim (reino del hielo), Muspelheim (reino del fuego), Alfheim (reino de los elfos), Svartalfheim (reino de los enanos), y Hel (inframundo).

Asgard

Asgard es el reino de las deidades de Aesir o los dioses y diosas pertenecientes a la tribu Aesir. En la mitología nórdica, este reino está situado en el cielo divino y conectado con el reino humano (Midgard) a través del Puente del Arco Iris o Bifrost.

El sufijo -gard es una referencia al concepto nórdico de la diferencia entre innangard y uttangard. Innangard significa dentro de la muralla, que se entiende como ordenado, respetuoso de la ley y civilizado. Por otro lado, uttangard significa fuera del muro, que es caótico, anárquico y salvaje. Asgard es considerado como el modelo de Innangard, mientras que el hogar de los gigantes, Jotunheim es el ejemplo del uttangard.

Midgard

Midgard es el reino de los hombres mortales. Aquí es donde vivimos. En la mitología nórdica, este es el único mundo que está dentro del reino visible, ya que se cree que otros reinos están en el reino de la espiritualidad. Su nombre hace referencia a su ubicación, ya que está situado entre la civilizada Asgard y la salvaje Jotunheim. El pueblo nórdico creía que Jormungand (una serpiente gigante) vivía en el océano y rodeaba Midgard.

Vanaheim

Vanaheim es el reino de las deidades de Vanir o los dioses y diosas que pertenecen a la tribu de Vanir. Estas deidades tienen una mayor afinidad con la naturaleza que las deidades de Aesir. A diferencia de Midgard y Asgard, esta morada termina con -heim, lo que significa que este mundo es natural y menos civilizado que el de Asgard pero no tan salvaje como el de Jotunheim.

Jotunheim

Jotunheim es el reino de los jotuns o los gigantes. En la mitología nórdica, los gigantes no son necesariamente de gran tamaño como el concepto moderno. Los jotuns se refieren a seres que son poderosos pero despreciados por los humanos, en oposición a los dioses y diosas que también son poderosos pero alabados y adorados. En los Eddas, este reino es descrito como un mundo oscuro, montañoso y con un duro e interminable invierno.

Niflheim

Niflheim es el mundo primordial de la oscuridad, el frío y el hielo. No es necesariamente malo, sino un reino natural de frío. Es el mundo opuesto a Muspelheim o el reino del calor y el fuego. En la cosmología nórdica, el gigante Ymir nació cuando el hielo de Niflheim y el fuego de Muspelheim se encontraron en el centro de la Gran Brecha (Ginnungagap) o el espacio que solía dividir los dos reinos opuestos.

Muspelheim

Muspelheim es el reino del calor y el fuego. Este es el mundo opuesto a Niflheim o el reino del hielo.

Alfheim

Alfheim es el hogar de los elfos. Los elfos en la mitología nórdica son individuos poderosos que también tienen cualidades de dios, pero no son adorados como deidades. Son considerados como seres de luz, ya que eran espíritus afines que pueden ayudar a los humanos. Se cree que este reino está gobernado por Freyr, una diosa de Vanir.

Svartalfheim

Svartalfheim es el reino de los enanos, quienes son herreros muy hábiles. Este mundo se concibe como un complejo subterráneo compuesto de minas y forjas. Otras fuentes describieron a Svartalfheim como el reino de los elfos negros o los enemigos de los elfos de Alfheim.

Hel

Hel es el reino de la diosa Hel y esencialmente se utiliza para referirse al inframundo donde residen las almas de aquellos que han hecho el mal en su existencia. Similar al Tártaro (inframundo en la mitología griega), se cree que Hel está custodiada por un perro gigante.

Además de los habitantes de los Nueve Reinos, se dice que otras criaturas también habitan en Yggdrasil. Según el poema eddico titulado "El canto del encapuchado", el fresno gigante es también el hogar de un águila gigante que se posa en las ramas del árbol. Mientras tanto, las raíces son roídas por un dragón llamado Nidhogg. También hay cuatro ciervos llamados Dain, Dvalin, Duneyr y Dyranthror.

Historia de la Creación Nórdica

La historia de la creación en la mitología nórdica es considerada como una de las más vívidas en la literatura cosmológica. Aparte de su hermosa trama, la historia también ofrece un vistazo a la filosofía nórdica. A continuación, se muestra la historia de cómo se creó el mundo según la cosmología nórdica:

> *Desde el principio, solo existía el Ginnungagap, que es un profundo abismo oscuro y frío. Este gigantesco vacío estaba situado entre Muspelheim (el mundo del fuego) y Niflheim (el mundo del hielo).*
>
> *La escarcha de Niflheim y las llamas de Muspelheim se encontraron en la Gran Brecha hasta que el hielo se*

derritió. De las gotas de agua emergió Ymir o el primer gigante que era a la vez un hombre y una mujer. Tuvo la habilidad de dar a luz a más gigantes que se erigieron de su sudor.

Otro ser que fue engendrado en la brecha de derretimiento fue Audhumbla, que era una vaca gigante que proporcionaba alimento a Ymir. La mítica vaca lamió el hielo restante hasta que Buri, el primer dios de Aesir, emergió. Su hijo, Bor, se casó con Bestla, que era la hija de Bolthorn, otro gigante. Sus hijos fueron Odín, Vili y Ve. El primogénito, Odín, se convirtió en el jefe de las deidades Aesir.

Midgard (el reino de los humanos) fue creado cuando Odín y sus hermanos mataron a Ymir. El cráneo del gigante se convirtió en el cielo y su cerebro en las nubes. Su pelo se convirtió en los árboles, y su piel y músculos se convirtieron en la tierra. Su sangre se convirtió en el mar.

Después de la creación del nuevo mundo, los dioses Aesir crearon el primer hombre y la primera mujer llamados Ask y Embla, respectivamente. Las deidades también construyeron una valla alrededor de Midgard para protegerlos de los jotuns o gigantes.

Uno de los aspectos interesantes de la historia de la creación nórdica es que la creación fue causada por algo. Al principio el caos y la muerte podían causar la vida. La cosmología nórdica destaca la reciprocidad como un concepto fundamental de la vida. El mundo, desde el punto de vista nórdico, no se crea de la nada en contraste con la historia de la creación de la religión judeo-cristiana.

Odín y sus hermanos tuvieron que matar a Ymir para poder crear Midgard. Sería seguro asumir que los vikingos se inspiraron en el concepto del caos como algo necesario para que la vida continuase.

Además, la historia de la creación de los nórdicos se ve como un ciclo y no sigue una serie lineal de eventos. En la perspectiva cristiana de la creación, el mundo fue creado en el pasado, y solo se logró a través de la voluntad de un ser supremo que tiene el poder para la creación y también para la destrucción. Aprenderás más sobre la perspectiva nórdica de la creación como un ciclo cuando estudiemos el Ragnarok.

La Vida Después de la Muerte

La religión nórdica no tiene una doctrina sólida sobre la vida después de la muerte. No hay una imagen clara en la mitología nórdica sobre a dónde pasa la gente cuando muere. Pero basado en fuentes literarias y arqueológicas, hay patrones discernibles sobre cómo los Nórdicos perciben la vida después de la muerte.

Por ejemplo, diferentes piezas literarias suelen mencionar el Valhalla (la Sala de los Caídos) como un lugar al que van los soldados caídos cuando mueren por actos heroicos en una batalla o guerra. Valhalla es la gran sala de Odín que selecciona a los guerreros para celebrar y ayudarle en la gran batalla de Ragnarok.

Se dice que aquellos que no han logrado hazañas heroicas, pero han vivido una vida moral van al Folkyang o al Campo del Pueblo. Este es el gran salón de la diosa Freya. Pero a diferencia del Valhalla, el Folkyang apenas se menciona en las fuentes literarias. Mientras tanto, algunas fuentes dicen que aquellos que murieron en el mar son llevados bajo el agua en el reino de Ran - una gigante.

Helgafjell o Montaña Sagrada es otro lugar para la gente que no ha muerto en batalla pero que también ha vivido una vida virtuosa. Por otro lado, se cree que las personas que murieron sin honor van a Helheim, que es un reino frío y oscuro gobernado por la diosa Hel.

Es interesante notar que, para los Nórdicos, morir en cama por vejez o enfermedad es considerado la peor manera de morir. Por eso, incluso aquellos que están en sus últimos años estaban dispuestos a seguir las batallas para poder luchar y morir con honor y unirse a Odín en el Valhalla.

Valhalla

El Valhalla es la gran sala de Odín, el jefe de los dioses de Aesir. Esta sala es donde alberga las almas de los guerreros que considera dignos de unirse a él para celebrar y preparar la llegada del Ragnarok. Según las fuentes literarias, esta gran sala está situada en el centro de Asgard, el hogar de las deidades de Aesir.

En el Canto del Encapuchado, el Valhalla se describe como un lugar magnífico. Sus vigas están hechas de lanzas y el techo de escudos. Tiene cientos de mesas y sillas hechas de corazas donde los guerreros heroicos se dan un festín con los dioses. Los lobos vigilan las puertas y las águilas vuelan sobre la sala.

Los habitantes del Valhalla son llamados los einherjar que luchan entre ellos todo el día para entretener a Odín. Aunque ya están muertos, siguen siendo heridos y sangran durante las batallas diarias. Pero cada noche, las Valquirias atienden sus heridas y les devuelven la salud para que puedan unirse al festín nocturno lleno de aguamiel y comida.

Las Valquirias sirven el einherjar con carne que proviene de un jabalí mágico llamado Saehrimnir. Este jabalí es masacrado cada noche pero se levanta cada día. Los guerreros también beben el maravilloso aguamiel de la ubre de una cabra mágica llamada Heidrun.

Mientras que el Valhalla es considerado como un lugar de descanso para los guerreros heroicos, el einherjar todavía está esperando su perdición. Cuando llegue el Ragnarok, Odín tendrá que enfrentarse a Fenrir el lobo. En este tiempo final, el dios principal llamará a sus poderosos guerreros para que lo ayuden a pesar de que ya están destinados a ser derrotados.

Odín elige a los poderosos guerreros con la ayuda de las Valquirias. Aquellos que no son considerados dignos, pero murieron en la batalla son enviados a Folkyang o a la sala de Freya. Hay que entender que no hay una fuente suficiente que describa exactamente el proceso de hacerse digno de entrar en el Valhalla.

Por lo tanto, los requisitos para buscar esta recompensa no son explícitos. Los eruditos también creen que la vida después de la muerte en la mitología nórdica es vista como una continuación de la vida en Midgard y la religión nórdica no juzga a las personas en base a sus virtudes, a diferencia del concepto cristiano del Cielo y el Infierno.

Recuerden, en el siglo XIII, Snorri Sturluson, el erudito irlandés, llenó los vacíos de la historia nórdica. Esto es siglos después de que el cristianismo ya se extendiera en Escandinavia. Snorri es un erudito católico, así que esta imagen podría estar inspirada en el concepto judeo-cristiano de la vida después de la muerte. Fue Snorri quien escribió que aquellos que murieron en batalla son llevados al Valhalla, mientras que los que murieron de viejos son llevados a Hel.

Las Valquirias

Las Valquirias son representadas como elegantes doncellas que ayudan a Odín a elegir guerreros para el Valhalla. Hay fuentes literarias que describen a las Valkirias como doncellas misteriosas que incluso influyen en el resultado de las batallas para recoger almas. No fueron representadas como observadoras objetivas en el campo de batalla ya que pueden elegir quiénes morirán en la batalla e incluso usar la magia negra para marcar a aquellos que desean que caigan.

Pero la mayoría de las fuentes las describen como hermosas doncellas que incluso desarrollan relaciones románticas con hombres mortales. También son representadas como nobles ayudantes de Odín con el importante deber de recolectar guerreros y servirlos en el Valhalla.

En un relato, se dice que Odín permite a las Valquirias transfigurarse en bonitos cisnes blancos para visitar Midgard. Sin embargo, si un mortal ve a una Valquiria convertirse en un cisne, la doncella espiritual ya no puede volver al Valhalla.

En los poemas eddicos, hay relatos sobre cómo las Valquirias deciden quién vive en la batalla. Por ejemplo, en la Saga de Njal, había 12 Valkirias que fueron vistas antes del comienzo de la Batalla de Clontarf. Se decía que se sentaban en un telar y luego tejían el trágico destino de los guerreros condenados.

La representación era bastante siniestra ya que las Valquirias usaban cabezas decapitadas para las pesas del telar, espadas y flechas como batidores, y los intestinos para tejer el telar. En la

Volsungasaga, se dice que ver a una Valquiria es como "mirar fijamente a una llama".

El concepto de Valquiria está muy extendido en la tradición germánica. Por ejemplo, los anglosajones también tienen su propia versión de las Valquirias, conocidas como *wælcyrie*, que eran espíritus femeninos de carnicería. Mientras tanto, los celtas también tenían entidades similares como las deidades de la guerra

Capítulo Tres

Dioses y Diosas Nórdicos

Las deidades nórdicas suelen pertenecer a una de las dos tribus divinas - los Aesir y los Vanir.

Dioses y diosas de Aesir

Muchos de los dioses y diosas nórdicos que conocemos son miembros de la tribu Aesir. Esto incluye a Odín, Thor, Loki, Frigg, Tyr, Heimdall y Baldur. Asgard es su hogar, el cual está ubicado en la rama más alta de Yggdrasil.

Odín

Odín (también conocido como Woden o Wotan en algunas fuentes literarias) es el jefe de las deidades Aesir. Sin embargo, se le puede identificar como Aesir y Vanir. Su madre, Bestla, es de hecho una gigante, por lo que también es de sangre gigante. Un Edda lo describe como el portador de vida.

El lobo y el cuervo son sagrados para Odín. También tiene un caballo mágico conocido como Sleipnir. Este mítico caballo es descrito como un caballo de ocho patas y sus dientes están inscritos con runas.

El Padre de Todo está representado como un anciano con barba gris. Solo tiene un ojo ya que cambió el otro ojo a cambio de sabiduría. Se dice que lleva una lanza y usa una capa y un sombrero de ala ancha.

Aunque es el gobernante de Asgard, pasa la mayor parte de su tiempo lejos del majestuoso reino para vagar solo en Midgard en busca de sabiduría. También es un dios enigmático porque, aunque es venerado como patrón de los gobernantes, también es el dios de los parias. Odín es un feroz dios de la guerra y en contraste también el dios de la poesía.

Thor

Thor es el dios nórdico del trueno al que adoran los vikingos por su honor, lealtad y fuerza. Es conocido como el más fuerte defensor de Asgard y sus divinos habitantes contra los jotuns.

Como dios del trueno, Thor está bendecido con una fuerza física inigualable, que puede duplicarse si lleva un cinturón mágico conocido como *megingjarðar*. Sin embargo, es más conocido por su martillo mágico conocido como mjöllnir. Thor encarna el trueno, mientras que su martillo encarna el relámpago. Su archienemigo es Jormungand, una serpiente gigante que invadió Midgard.

Mientras que Thor es el defensor contra los gigantes, él mismo tiene sangre gigante. Odín, su padre, es medio gigante, mientras que Jord, su madre es totalmente descendiente de los gigantes. Pero esta ascendencia no es poco común entre los dioses nórdicos.

Tyr

Tyr es el antiguo dios de la guerra y considerado como el Legislador entre los asgardianos. Siendo el más valiente del panteón nórdico, fue Tyr quien ató a Fenrir en donde perdió su mano derecha. A los dioses les preocupaba que el cachorro Fenrir creciera rápidamente, así que decidieron atar al cachorro de lobo con grilletes.

Cuando Fenrir vio la cadena que lo ataría, sospechó, y declaró que solo estaría atado si uno de ellos le ponía un brazo en la boca como símbolo de buena fe. Como el dios más valiente, solo Tyr aceptó hacerlo. Cuando Fenrir fue obligado y no pudo liberarse de las cadenas, mordió el brazo del dios de la guerra.

Antes de Odín, Tyr era considerado el jefe de los dioses de Aesir. Se desconoce la razón de su descenso de categoría.

Similar a Odín, Tyr tiene muchos rasgos de las primeras deidades germánicas de la guerra. Las menciones en otras mitologías y las evidencias arqueológicas relacionadas con una deidad de una sola mano, sugieren que el personaje es bastante antiguo y ha sido adorado en el norte de Europa varios miles de años antes de que Snorri Sturluson mencionara al dios en la Prosa Edda.

Loki

Loki es conocido como el dios del engaño en la mitología nórdica. Pero técnicamente, Loki no es un dios sino un

Jotun o un gigante. Aunque no es bueno, tampoco es malo. Loki vive en Asgard, y se originó en Jotunheim o en los reinos de los gigantes. Era hijo de Laufey y Farbauti, ambos gigantes. Engañar y molestar a los dioses y diosas de Aesir es el entretenimiento de Loki y se considera un gran bromista.

Los vikingos llaman a Loki el astuto porque es hábil e inteligente. Es creativo para proponer nuevas ideas para engañar y avergonzar tanto a los dioses como a los seres mortales. Para divertirse, a Loki le encanta hacer bromas a la gente, pero luego los salvará para parecer el héroe.

Uno de sus mayores poderes es el cambio de forma en cualquier forma que desee. En las fuentes literarias, se dice que se transforma en una anciana, una mosca, una foca, un caballo y un salmón.

Loki y Sigyn tienen dos hijos, Vali y Narvi. Pero Loki también estuvo casado con la gigante Angrboda, quien le dio tres descendientes: Jormungand (el archienemigo de Thor), Fenrir el Lobo y Hel la diosa del inframundo. Loki también es considerado como una madre ya que dio a luz a Sleipnir, el caballo mágico de Odín.

Frigg

Frigg, también conocida como Frigga, es la diosa más venerada de la mitología nórdica. Es la esposa de Odín y como tal se le permite sentarse en el Hlidskjalf o asiento alto del Padre para mirar el universo. Ella es la madre del amado dios Baldur y del dios ciego Hod. También es la madrastra de Vali, Vidar, Bragi, Tyr, Hermod, Hoder, Heimdall y Thor.

Frigg se describe como una völva que practica seidr o un tipo de magia nórdica relacionada con el discernimiento del destino. Se la considera la diosa de la maternidad, la fertilidad, el matrimonio y el amor.

Según la tradición nórdica, Frigg tiene tres doncellas amadas, pero su favorita es Fulla a quien le confía sus secretos. Fulla es representada como una encantadora doncella que lleva una redecilla dorada que recibió como regalo de Frigga.

Otra doncella se llama Gna o la doncella mensajera. Su tarea es hacer recados para Frigga en los Nueve Reinos. Si necesita entregar un mensaje urgente, monta a Hofvarpnir, otro caballo mágico que puede galopar por el océano. La tercera doncella se llama Hlin y su tarea es proteger a cualquier persona u objeto que sea especial para Frigg.

Baldur

Baldur, también conocido como Balder o Baldr, es conocido como el dios de la luz en la mitología nórdica. Es muy querido por los dioses Aesir y Vanir, y es adorado por su pureza. Es el dios más bello que hasta las flores se inclinan ante él. Entre los dioses, es el más gentil, el más justo y el más sabio.

Balder es el segundo hijo de Frigg y Odín. Es el hermano de Thor, y el esposo de la diosa Nanna y juntos dieron a luz al dios Forseti. Breidablik es el salón de Baldur, que es conocido como la casa más brillante de Asgard. Se dice que solo los seres más puros pueden entrar en la sala de Baldur.

Los poemas eddicos describen el techo de la sala de Baldur como hecho de plata y que emana de magníficos pilares.

Baldur posee un barco conocido como Hringhorn que fue descrito como el barco más hermoso de Asgard. Durante su muerte, el barco fue usado como su pira funeraria.

La muerte de Baldur está entre las historias más populares de la mitología nórdica, que más tarde leerás en este libro.

Heimdall

Heimdall es otro dios de Aesir que vive en Asgard. Sin embargo, tiene una morada particular conocida como Himinbjoirg que se dice que está ubicada en el punto más alto de Asgard conocido como Bifrost. Es el guardián de Asgard y está armado con el Gjallarhorn o cuerno de los gritos que el dios hace sonar si se acercan intrusos contra Asgard. Se dice que el sonido de este gran cuerno se escucha en los nueve reinos.

Idun

Idun es una diosa de Aesir, pero hay poca información sobre ella. La única fuente que la menciona prominentemente es la historia de su secuestro. En el cuento skaddic, Idun es señalada como la dueña y dispensadora de un manzano que otorga la inmortalidad. Como tal, juega un papel importante en el mantenimiento de la inmortalidad de los asgardianos. El marido de Idun es Bragi, el juglar y poeta de la corte de Asgard.

Bragi

Bragi es considerado como el dios de la poesía y las canciones que entretienen a los habitantes de Asgard, especialmente a Odín y sus guerreros en el Valhalla. Sin embargo, hay algunas fuentes que ponen en duda el estatus de Bragi como dios, ya que se le considera un ser especial entre los inmortales por su talento para recitar poesía.

Vili y Ve

Vili y Ve son los dos hermanos de Odín que jugaron un papel crítico en la formación de los Nueve Reinos. Los Poemas Eddicos nos dicen que los tres hermanos fueron los dioses originales de Aesir que mataron al gigante Ymir y causaron la creación de Midgard. Sin embargo, otros eruditos creen que Vili, Ve y Odin son en realidad un solo dios en tres formas, ya que estos nombres fueron usados indistintamente en muchos recursos literarios.

Forseti

Los vikingos consideran a Forseti como el orador de la ley divina o el dios de la justicia. Es el hijo de la diosa Nanna y del dios Baldur. Vive en el brillante salón de Glitnir con su techo incrustado con plata decorativa y los pilares están hechos de oro rojo. Esta sala sirve como su tribunal de justicia donde resuelve las disputas legales en Asgard. Aunque Forseti es uno de los principales dioses de la mitología nórdica, no aparece significativamente en ninguna de las fuentes literarias supervivientes.

Gevjun

Gevjun es considerada como la diosa de la prosperidad, la abundancia, la fertilidad y la agricultura. Su nombre puede ser traducido como la Generosa o la Dadora. En el relato de Snorri Sturluson, la diosa visitó el país moderno de Suecia como una mujer sin hogar. Se encontró con el rey Gylfi, que era conocido por su generosidad. El Rey prometió concederle tanta tierra como cuatro bueyes puedan arar en un día, así que la deidad llamó a sus cuatro hijos y los convirtió en bueyes para arar la tierra.

Los hijos de la divinidad no solo araron la tierra, sino que también la arrastraron desde Suecia, lo que provocó una depresión y se convirtió en el Lago Malaren. La tierra se extendió hacia el océano y se convirtió en la isla de Zelanda, que es ahora la ubicación de Copenhague.

Sif

Sif es conocida como la esposa del dios del trueno, Thor. Mientras que su marido es más popular, Sif era una diosa venerada en la Europa precristiana ya que era adorada como diosa de la familia, la fertilidad y el trigo. Las dos principales fuentes literarias que describen a Sif son el Edda en prosa y el Edda poético. Se la representa como una bella dama de cabello dorado.

Thor fue su segundo marido, ya que se casó con Orvandil, que era un gigante. Se la suele comparar con otras diosas de la fertilidad como Frigg y Freya. En los Eddas, se decía que Thor estaba muy enamorado de la diosa, especialmente de su hermoso cabello. Brillante como el sol, fluyendo perfectamente por su espalda.

Ullr

Ullr es el hijo de Sif, la diosa de la fertilidad y el trigo, y el hijastro de Thor, el dios del trueno. Aunque el gigante Orvandil fue el primer marido de Sif, no existe ninguna evidencia literaria o arqueológica que mencione al gigante como padre de Ullr.

Los estudiosos nórdicos establecen que este dios nórdico es otro dios de la guerra que es muy hábil en la caza, el tiro con arco y el esquí. El Edda poético también menciona que su hogar es conocido como Ydalir de Yew Dales. En la fabricación de arcos, el tejo es la madera preferida, lo que posiblemente explica esta asociación.

Hermod

Hermod es otro dios de la guerra en la mitología nórdica, aunque no tan prominente como Odín, Thor o Tyr. Es el hijo de Odín y Frigg, y aunque se le considera un dios menor, sigue siendo popular por el papel que desempeñó en la historia de la muerte de Baldur. Cuando el dios de la luz fue asesinado debido a las travesuras de Loki, fue el único dios de Asgard lo suficientemente valiente como para viajar al inframundo y animar a Hel para que dejara ir a Baldur.

Sigyn

Sigyn es una diosa de Aesir y la esposa de Loki, el dios embaucador. Sus hijos son Vali y Narfi. En una ocasión en que Loki hizo demasiadas travesuras a los habitantes de Asgard, Odín lo castigó para que fuera encarcelado y atado en una cueva con una serpiente venenosa colgando sobre su cabeza. Debido a su amor por Loki, Sigyn sacrificó su libertad y eligió quedarse con su marido. Sigyn tuvo que sostener un tazón sobre la cabeza de Loki para recoger el veneno y aliviar el dolor de Loki.

Cuando el tazón se llenaba, Sigyn tenía que salir de la cueva para tirar el veneno, por lo que algunas de las gotas de veneno seguían cayendo sobre la cabeza de Loki causándole un tremendo dolor. Su dolor temblaba en forma de terremotos en Midgard, el reino de los humanos. Loki se mantendrá encarcelado hasta el Ragnarok y buscará venganza contra Odín.

Dioses y diosas de Vanir

Los Vanir son hábiles en magia y hechicería y son particularmente talentosos en la predicción del futuro.

Freya

Freya es considerada como la diosa del amor, el sexo y la belleza en la mitología nórdica. Pero también está asociada con la fertilidad, la brujería, la riqueza, la guerra y la muerte. La diosa de Vanir también está asociada con la lujuria. En los Eddas, Loki acusó a Freya de tener un romance con todos los dioses y elfos, incluyendo a su hermano.

El nombre Freya significa dama en nórdico antiguo, y también se escribe como Freiya, Freja, Froya, o Frua. Aunque es una diosa de Vanir, vive entre las deidades de Aesir después de haber sido enviada por las deidades de Vanir como una muestra de tregua. Los Aesir también enviaron dos deidades, Mimir y Honir, a los Vanir. Como tal, Freya se convirtió en una deidad honorable en Asgard después de que la guerra entre los Vanir y los Aesir terminara.

Freyr

Freyr es el hermano gemelo de Freya, que fue representado en los Eddas como una hermosa deidad y asociado con la buena cosecha, la riqueza y la prosperidad. Cuando la guerra entre los Aesir y los Vanir terminó, Freyr con su hermana Freya y su padre Njord fueron enviados a Asgard como muestra de paz. Freyr es también el Señor de los Elfos y reina en Alfheim, el reino de los Elfos. Su esposa es la gigante Gerd de Jotunheim.

Njord

Njord es un dios Vanir que se asocia con la riqueza, las aguas interiores, las costas, los marineros y el viento. Junto con sus hijos, Freyr y Freya, los Vanir lo enviaron a la tribu de dioses de Aesir como una muestra de tregua. Vive en una casa cerca de la costa en Asgard llamada Noatun o Paraíso de Barcos.

Mientras Njord está casado con la gigante Skadi, se acostó con su hermana llamada Nerthus y juntos tuvieron dos hijos: Freyr y Freyr. A menudo se confunde a Njord con el dios del mar, lo que no es exacto porque los nórdicos adoraban a Aegir como el dios del mar.

Nerthus

Nerthus es una deidad germánica popular que se asocia con la fertilidad. Esta diosa es representada por Tácito, un historiador romano del siglo I d.C. en su obra Germania. En el trabajo etnográfico de Tácito, mencionó la unión de las tribus suevas que veneraban a la diosa Nerthus manteniendo una arboleda sagrada y un carro sagrado cubierto con telas que solo los sacerdotes podían tocar.

Se dice que la presencia de la diosa habita en el carro que es arrastrado por las novillas. El carro sagrado es desfilado en pueblos donde la gente recibe al grupo con paz y celebración. Todas las armas están guardadas bajo llave, así que no habrá conflicto.

Sin embargo, la culminación de esta celebración pacífica es horrorosa ya que la carreta y la tela son lavadas por los esclavos en un lago aislado. Los esclavos son entonces sacrificados por los sacerdotes ahogándose.

Jotuns (Gigantes)

Mientras que los antiguos pueblos nórdicos adoraban principalmente a los dioses y diosas Aesir y Vanir, también creían en la existencia de los gigantes igualmente poderosos que los dioses. Sin embargo, el carácter de los gigantes es muy diferente al de las deidades y, de hecho, son vistos como fuerzas opuestas pero entrelazadas que equilibran la cosmología.

Mientras que estos seres se llaman gigantes, no son necesariamente enormes en tamaño como lo que solemos pensar cuando escuchamos el término. De hecho, el nombre gigante en referencia a los seres que habitan en Jotunheim es un nombre engañoso. En el inglés moderno, un gigante es un ser de enorme tamaño. Pero durante la época vikinga, la palabra gigante se utiliza para referirse a un ser que es poderoso pero temido en oposición a los dioses que son poderosos pero adorados.

En el antiguo Nórdico, los gigantes se llaman jotnar o jotun. Cuando Inglaterra fue conquistada por Guillermo el Conquistador en el 1066 D.C., el idioma inglés se llenó de términos normandos (franceses). Uno de los términos que se utilizaron durante esos tiempos fue el geante del Viejo Francés, que es el origen del término inglés moderno giant. Esto reemplazó a la antigua palabra inglesa jotun.

Geant se usaba para referirse a los gigantes en el mito griego que también eran los enemigos de los dioses similares al jotun en Nórdico. El origen griego de geant también se utilizó para traducir un término hebreo que se refiere a los seres que son enormes en tamaño físico. Y así, esto se convirtió en el significado dominante de la palabra.

Abajo están los gigantes más prominentes de la mitología nórdica.

Ymir

Ymir es un gigante que jugó un papel importante en la cosmología nórdica. Basado en el relato del erudito medieval Snorri Sturluson, el gigante Ymir nació cuando el hielo de Niflheim y el fuego de Muspelheim se encontraron en el abismo de Ginnungagap.

El segundo ser que se creó en el punto de fusión fue Audhumbla o una vaca que alimentó a Ymir. Audhumbla lamió el hielo hasta que el primer dios de Aesir, Buri, emergió. Bor, el hijo de Buri, se casó con Bestla, la hija del gigante Bolthorn. La pareja tuvo hijos llamados Odín, Vili y Ve. Odín se convirtió en el jefe de los dioses de la tribu Aesir.

El mundo fue creado cuando Odín y sus hermanos mataron a Ymir. El cielo fue hecho de su cráneo, su cerebro se convirtió en las nubes, su pelo se convirtió en los árboles y las plantas, sus músculos y su piel se convirtieron en la tierra, y su sangre se convirtió en el océano. Los dioses entonces crearon al primer hombre y mujer llamados Ask y Embla, y construyeron una valla alrededor de su tierra natal, Midgard, para protegerlos del reino de los gigantes.

Skadi

Skadi, también conocida como Skathi, Skadhi o Skade, es una gigante de las escarchas y a menudo se asocia con el invierno. Su marido es el dios Vanir Njord. Cuando los dioses de Aesir mataron a su padre, Thiazi, ella atacó a Asgard para vengarse. Para evitar más conflictos, los dioses propusieron un matrimonio con uno de los dioses. Skadi era libre de elegir cualquier dios que quisiera, pero solo podía elegir basado en la apariencia de sus pies.

Seleccionó el más hermoso par de pies pensando que eran los pies del apuesto dios Baldur. Sin embargo, resultó que los pies pertenecían a Njord, un dios Vanir del viento menos guapo y más antiguo.

Skadi es a menudo retratada como una cazadora de invierno que usa esquís o raquetas de nieve. También es una hechicera, pero no es una diosa malvada.

Fenrir

Fenrir no es un gigante de pura sangre. Es el hijo del dios Loki y Angrboda, que era una gigante. Por lo tanto, es el hermano de la diosa Hel y de la serpiente Jormungand, el archienemigo de Thor. Aunque no es un gigante de pura sangre, es considerado el gigante más prominente porque es visto como la perdición de los dioses que causarán estragos en los Nueve Reinos cuando llegue el Ragnarok.

Hel

Aunque técnicamente es una diosa, Hel es identificada como una gigante que gobierna el inframundo que también es llamado Hel. Su padre es el dios del engaño Loki y la gigante Angrboda es su madre. Por lo tanto, es la hermana de la serpiente del mundo, Jormungand, y del lobo Fenrir.

La diosa del inframundo es a menudo representada como indiferente, cruel, dura y codiciosa. Sin embargo, no hay una descripción elaborada de la diosa en la literatura nórdica superviviente, y solo se la menciona pasivamente en las historias principales. Se la describe como mitad blanca y mitad negra, con una expresión facial feroz pero sombría.

Hel jugó un papel prominente en la leyenda de la Muerte de Baldur. Después de la muerte del dios de la luz, los asgardianos ordenaron al dios Hermod que viajara rápidamente al inframundo para preguntarle a la diosa Hel si había alguna posibilidad de resucitar al dios de la luz. Cuando Hermod llegó a Hel, encontró a Baldur, ahora sombrío y pálido, sentado en el asiento de honor junto a la diosa del inframundo.

Hermod le pidió a la diosa que dejara ir a Baldur, y después de mucho esfuerzo, la diosa accedió a retirar a Baldur si todo en el mundo clamaba por él, para probar la afirmación divina de que el dios es universalmente amado.

La madre de Baldur, la diosa Frigg, viajó rápidamente alrededor del mundo para pedirle a todo el mundo que llorara por el dios más brillante, y de hecho todos lloraron, excepto la diosa gigante llamada Pokk, que se asumió que era el mismo Loki. Y así, Baldur permanece en Hel hasta que llegue el día del Ragnarok.

Jormungand

Jormungand es conocido como la Serpiente de Midgard o un Dragón que rodea el reino de los humanos mortales. Es un ser enorme y es uno de los tres hijos de la gigantea Angrboda y del dios del engaño, Loki. Sus hermanos son Hel y Fenrir.

Su archienemigo es Thor, el dios del trueno. Los Eddas están llenos de historias sobre las batallas entre Jormungand y Thor. En una de ellas, Thor atrapó a la serpiente gigante pero no logró levantarla cuando Hymir (un gigante) estaba preocupado de que causara el Ragnarok. Corta la cuerda y devuelve la serpiente al océano. Está destinado a que cuando llegue el Ragnarok, los dos enemigos se maten entre sí en un épico duelo.

La guerra Aesir-Vanir

En la mitología nórdica, las deidades Aesir y las deidades Vanir tienen una relación armoniosa entre sí. Los jotuns o los devoradores eran su enemigo común. Pero según las fuentes literarias, las dos tribus divinas estuvieron una vez en guerra.

Freya, una diosa de Vanir, era la más hábil practicante del seidr, una forma de magia poderosa. Como practicante de esta magia, la diosa deambulaba por los reinos para desarrollar constantemente su arte.

Un día, llegó a Asgard bajo el nombre de Heiðr, que significa "brillante". Los Aesir estaban encantados con el poder de la diosa y se ofrecieron a emplear sus servicios para lograr sus objetivos. Sin embargo, se dieron cuenta de que sus valores de obediencia a la ley y el honor estaban siendo dejados de lado por sus deseos a través de la magia.

Culparon a la diosa Vanir por haberlos tentado, y la llamaron Gullveig o una codiciosa de oro y trataron de matarla. Intentaron quemarla tres veces, pero ella siguió levantándose de las cenizas cada vez.

Fue el comienzo del conflicto entre los Aesir y los Vanir, que se convirtió en una guerra a gran escala. Los Vanir usaron magia para luchar mientras que los Aesir usaron el combate y las armas. La guerra continuó con victorias intermitentes, pero no hubo un claro ganador en general.

Eventualmente, las deidades se dieron cuenta de que eran iguales en fuerza y poder, y por eso pidieron una tregua. Era costumbre que los pueblos germánico y nórdico pagaran tributo a los dos bandos en guerra enviando rehenes a vivir entre ellos. Los dioses Aesir Hoenir y Mimir fueron a vivir con los Vanir, mientras que las deidades Aesir Njord, Freyr y Freya fueron a los Aesir.

Los rehenes de Vanir aprendieron a vivir pacíficamente con los Aesir. Por otro lado, los rehenes Aesir encontraron difícil vivir en Vanaheim o en el reino de los Vanir. Hoenir es un dios de la sabiduría que puede dar consejos a cualquier problema. Los Vanir pensaron que esto les sería útil, pero no se dieron cuenta de que el dios solo puede dar consejos si Mimir está cerca.

Cuando los Vanir se dieron cuenta de esto, decapitaron a Mimir y enviaron la cabeza a Odín. El Padrino embalsamó la cabeza con hierbas y ofreció encantamientos que preservaron la cabeza del dios. Como tal, la cabeza cortada todavía podía dar consejos a Odín cuando necesitaba asesoramiento.

Pero en lugar de renovar las hostilidades, el Vanir y el Aesir se encontraron de nuevo y decidieron escupir en una olla. De su saliva, surgió una criatura llamada Kvasir, que fue bendecida con sabiduría como una forma de mantener la armonía en los Nueve Reinos. Más adelante aprenderás más sobre la trágica historia de Kvasir en el Aguamiel de la Poesía.

Capítulo Cuatro

Relatos De La Mitología Nórdica

El Aguamiel de la Poesía

El Aguamiel de la Poesía es la historia de cómo Odín, el Padre de Todo, buscó y poseyó el Aguamiel de la Poesía.

Como has aprendido en el capítulo anterior, los Aesir y los Vanir acordaron terminar sus hostilidades al escupir en una gran olla. De su saliva crearon un ser llamado Kvasir. Kvasir fue bendecido con gran sabiduría. Se dice que nadie era capaz de presentarle un problema o una pregunta que no pudiera responder. Debido a su gran sabiduría, se hizo popular en los Nueve Reinos y fue muy buscado por otros seres.

Sin embargo, no todos los seres tenían buenas intenciones para Kvasir. Los dos enanos Galar y Fjalar invitaron al hombre más sabio a su reino. Pero a su llegada, los enanos mataron a Kvasir y usaron su sangre para preparar aguamiel. Este aguamiel contenía la habilidad de Kvasir para dispensar sabiduría y fue llamado el aguamiel de la poesía. Cualquiera que lo beba estará imbuido de la sabiduría propia de un gran erudito o poeta.

Las deidades se dieron cuenta de que Kvasir ya no estaba presente en los Nueve Reinos y fueron a interrogar a los dos enanos sobre la desaparición de Kvasir. Sin embargo, Galar y Fjalar mintieron sobre su muerte e informaron a las deidades de que Kvasir se había ahogado y muerto.

Aparentemente, los dos enanos encontraron placer en el asesinato. Después de matar a Kvasir, atrajeron al gigante Gilling para que se reuniera con ellos en la playa y lo ahogaron para su disfrute. La esposa de Gilling lloró mucho y su llanto irritó a los enanos, así que también la mataron tirándole una piedra en la cabeza.

Cuando el hijo de Gilling, Suttung, descubrió el destino de sus padres, atrapó a los enanos y los llevó al arrecife durante la marea baja, con la intención de que se ahogaran al subir la marea. Los enanos suplicaron insistentemente por sus vidas, y Suttung (que ya conocía el Aguamiel de la Poesía) los liberó con la condición de que le entregaran la posesión del aguamiel.

Después de poseer el Aguamiel de la Poesía, Suttung lo escondió bajo una montaña conocida como Hnitbjorg y ordenó a su hija llamada Gunnlod que guardara el tesoro.

Odín finalmente se enteró del Aguamiel de la Poesía y decidió que quería poseerlo como parte de su deseo de buscar más sabiduría. Odín estaba muy disgustado al descubrir que Kvasir fue horriblemente masacrado, y sus habilidades de gran sabiduría yacen ociosas bajo la montaña de Hnitbjorg.

Disfrazado de granjero, Odín visitó la granja de Baugi (el hermano de Suttung). Encontró a nueve campesinos segando heno con guadañas sin filo. Se acercó a los campesinos y les ofreció afilar sus guadañas con su piedra de afilar. Los trabajadores estuvieron de acuerdo en no saber que la piedra de afilar de Odín era mágica. Las guadañas se volvieron increíblemente afiladas y pudieron cortar el heno con facilidad para el deleite de los trabajadores.

Juntos acordaron que la piedra de afilar era la mejor que habían visto y pidieron comprarla a Odín. El dios estuvo de acuerdo, pero advirtió que tenía un precio alto. Odín arrojó la piedra de afilar al aire, y vio a los trabajadores del campo luchar por atrapar la piedra de afilar encantada. Los trabajadores lucharon entre ellos hasta la muerte con sus nuevas guadañas afiladas en un intento de empuñar tan mágica herramienta.

Después de la espantosa escena, Odín se dirigió a la casa de Baugi. Presentándose como Bolverker, Odín se ofreció a hacer el trabajo de los nueve sirvientes que había conocido previamente y ser testigo de la matanza. A cambio de sus servicios, pidió tomar un sorbo del Aguamiel de la Poesía.

Baugi respondió que no está en posesión del aguamiel y que su hermano lo guarda cuidadosamente. Sin embargo, Baugi prometió que, si Bolverker puede realmente realizar el trabajo de los nueve peones, le ayudaría a adquirir el aguamiel.

Con los poderes divinos de Odín, pudo cumplir su promesa a Baugi, quien accedió a viajar con él a la casa de Suttung y preguntarle por el aguamiel. Sin embargo, al llegar Suttung se negó airadamente.

Odín le recordó a Baugi su acuerdo y persuadió al gigante para que le ayudara a acceder a la montaña donde estaba escondida el aguamiel. Y así, el gigante perforó un agujero en la montaña. Cuando la tarea se completó, la forma de Odín se transformó en una serpiente y se arrastró hasta el agujero.

Mientras Odín estaba dentro de la montaña, se transformó en un joven y guapo hombre para atraer a la gigante Gunnlod. Odín cortejó con éxito a la gigante con el acuerdo de darle tres sorbos de aguamiel con la condición de que durmiera con ella durante tres noches. En la tercera noche, Odín fue al aguamiel y se bebió con avidez la totalidad de la botella. Posteriormente cambió de forma y se convirtió en un águila gigante y escapó de la montaña para volver a Asgard. Al conocer el engaño, Suttung cambió de forma similar a un águila gigante para perseguir a Odín.

Cuando las deidades de Aesir se dieron cuenta de que su jefe volaba hacia Asgard con un jotun a sus espaldas, fortificaron las puertas de Asgard. Odín fue capaz de alcanzar el reino divino antes de que el jotun pudiera atraparlo. Suttung se retiró en una explosión de rabia.

Odín sacó un recipiente y regurgitó el aguamiel en él. Sin embargo, varias gotas cayeron de su boca goteando hacia Midgard, el reino de los humanos. Se dice que estas gotas son la fuente de las habilidades de los eruditos y poetas ordinarios.

Loki y los Enanos

Loki, el dios del engaño, es conocido por sus travesuras. Muchos de sus actos fueron hechos por mero placer. Un día, Loki se encontró con el gran deseo de cortar el hermoso cabello dorado de la diosa Sif, la esposa del dios del trueno, Thor.

Al enterarse de esta travesura, Thor se enfureció y se apoderó de Loki amenazándolo con romperle los huesos. El astuto dios suplicó por su vida, y prometió ir a Svartalfheim (el reino de los enanos) para preguntarle si podía tejer una nueva cabellera de pelo dorado para la diosa. Thor, que amaba mucho a su esposa, permitió que el astuto dios viajara inmediatamente a la casa de los enanos.

Dotado de una gran capacidad de persuasión, Loki pudo obtener todo lo que le prometió a Thor. En Svartalfheim, los hijos del maestro enano Ivaldi crearon no solo una nueva cabellera de pelo dorado para Sif sino también dos regalos adicionales para Thor. En primer lugar, Gungnir; una lanza que ejerce poderes impresionantes. Segundo, el Skidbladnir; un poderoso barco que siempre es favorecido por los vientos y tiene el poder de ser plegado en un aparato de bolsillo.

Loki se sorprendió por la artesanía de los enanos que se quedó un poco más de tiempo de lo previsto originalmente. Luego viajó a casa de los hermanos Sindri y Brokkr burlándose de que nunca podrían crear innovaciones que igualaran o superaran los tesoros forjados por los hijos de Ivaldi. Estaba tan seguro que incluso apostó su propia cabeza. Sin embargo, los hermanos aceptaron el desafío.

Loki, nervioso por perder su propia apuesta, se transformó en una mosca y picó la mano de Sindri cuando el enano comenzó a trabajar. Pero su esfuerzo por engañar y obstaculizar al enano no tuvo efecto ya que Sindri aún podía revelar su creación. El innovador invento fue un jabalí mágico con pelo dorado. El jabalí se llamaba Gullinbursti, que podía emitir luz en la oscuridad y maniobrar a través del aire y el agua.

Después de la primera concepción, Sindri continuó trabajando en un tercer proyecto mientras Brokkr trabajaba para completar su creación para demostrar que Loki estaba equivocado. En otro intento de retrasar a los enanos, Loki mordió a Brokkr en el cuello sin éxito. La segunda creación estaba terminada y el enano reveló un anillo mágico llamado Draupner. El anillo tenía el poder de multiplicarse y replicarse cada nueve días.

Para la tercera y última creación, Sindri trabajó con el material de hierro y le dijo a su hermano que para esta pieza, debían ser muy cuidadosos ya que cualquier error sería considerablemente más caro en comparación con las dos primeras creaciones. La mosca volvió a morder el párpado de Brokkr, y el goteo de sangre bloqueó la visión de Brokkr impidiéndole apreciar con precisión el trabajo que tenía por delante.

Los hermanos finalmente a través de todas las distracciones forjaron un martillo que era tan poderoso que nunca podía fallar su objetivo y que volvería a su dueño una vez lanzado. El mango del martillo fue diseñado para desilusionar a Sindri. Sindri lloró porque esta desgracia arruinó su obra maestra. Este martillo hecho a mano por los hermanos enanos es lo que conocemos hoy como Mjolnir. Sin embargo, las obras maestras eran tan espectaculares que los hermanos viajaron detrás de Loki a Asgard para presentarlas a las deidades de Aesir en persona.

Como prometió, Loki entregó la nueva cabellera de pelo dorado a Sif, y para Thor regaló a Mjolnir. Odin recibió la lanza Gungnir y el anillo Draupner, mientras que Freyr recibió Gullinbursti y Skidbladnir.

Los dioses de Aesir estaban muy agradecidos a los enanos por estos regalos, y acordaron mutuamente con los enanos que Loki debía dar su cabeza por perder la apuesta. Cuando los hermanos se acercaron a Loki para reclamar su cabeza, el astuto dios declaró que solo le prometía su cabeza y no su cuello. Así que Sindri y Brokkr cosieron la boca del astuto dios y regresaron a su casa con disgusto.

La fortificación de Asgard

Asgard, el hogar de los dioses y diosas de Aesir, está protegido por una alta muralla, que defiende a los Aesir de los ataques de los jotuns y otros enemigos de los dioses. Sin embargo, este muro protector no siempre estuvo presente. Esta historia cuenta cómo se construyó la muralla y está considerada como una de las historias más escandalosas y escabrosas de la tradición mitológica.

Un día, un herrero desconocido visitó Asgard para ofrecer sus servicios de construir un alto muro para proteger y fortificar a las deidades de Aesir. El herrero, del que se decía que era un jotun, prometió completar la obra en solo tres estaciones, pero a cambio pidió una alta compensación. Pidió casarse con la diosa Freya, así como el derecho al sol y a la luna.

La muralla será una importante fortificación para Asgard, por lo que los dioses discutieron la propuesta del herrero. Freya estaba por supuesto en contra de la propuesta, pero Loki sugirió que se le concediera al herrero su deseo, solo si podía completar el trabajo en un solo invierno sin ayuda de nadie más que su caballo.

Después de una larga discusión, los dioses aceptaron el plan del astuto dios. Ciertamente, los dioses no querían perder a Freya, ni tampoco separarse del sol y la luna. Al tener tanto que perder, los dioses y diosas se aseguraron de que la tarea fuera casi imposible de completar.

Para su sorpresa, el herrero aceptó los términos enmendados, y exigió que los dioses juraran que se asegurarían de cumplir el trato, y también que lo protegerían mientras trabajaba en Asgard.

El herrero comenzó a fabricar el muro, y las deidades de Aesir se maravillaron de lo rápido que se erigió el muro. El caballo del herrero, llamado Svadilfari, era igualmente espectacular ya que era capaz de arrastrar grandes rocas desde distancias lejanas para añadirlas a la estructura.

Cuando se acercaba el final del invierno, la pared era fuerte y estaba cerca de ser terminada. El herrero solo tuvo que añadir las últimas rocas alrededor de la puerta para finalizar la fortificación. Odín se encargó de Loki y lo culpó por darles malos consejos. Amenazó con matarlo si no podía buscar una manera de evitar que el herrero completara la tarea.

Los dioses no estaban dispuestos a entregar a Freya. Además, ofrecer el sol y la luna al herrero gigante causará oscuridad a los Nueve Reinos. Loki rogó por su vida y prometió que encontraría una manera.

Más tarde esa noche, el herrero y su caballo viajaron una vez más al bosque nevado para buscar las rocas perfectas. En su camino, una yegua, que era Loki disfrazada, atrajo al semental. El caballo inmediatamente galopó tras la yegua y persiguió a Loki. Cuando llegó la mañana, y el caballo seguía desaparecido, el gigante inconsolablemente se dio cuenta de que no había manera de que pudiera completar con éxito su proyecto.

En lugar de cumplir su parte del trato, los dioses de Aesir ordenaron a Thor que volara la cabeza del gigante en pedazos usando a Mjolnir.

Mientras tanto, Svadilfari pudo acercarse a Loki y embarazarlo. Loki dio a luz a un caballo de ocho patas. El recién nacido se llamó Sleipnir y se convirtió en el caballo de Odín. Así es como Loki obtuvo la etiqueta de ser una madre.

¿Por qué Odín es Tuerto?

Aunque Odín es considerado como el más alto ser divino en la religión nórdica, no es omnisciente. Basado en fuentes literarias, todavía busca la sabiduría, y está dispuesto a pagar su precio para entender los misterios del universo. En su búsqueda por descubrir las runas, se colgó en una rama de Yggdrasil, con una herida de lanza, y ayunó durante nueve días.

En otra leyenda, se dice que visitó el Pozo de Urd, que alimenta el Yggdrasil. El pozo es el hogar de Mimir - un ser de las sombras, pero imbuido de un gran conocimiento del cosmos. Odín creía que Mimir alcanzó este estatus principalmente bebiendo agua del pozo.

Cuando Odín pidió beber del pozo, Mimir se negó a hacerlo a menos que el Padre de Todo le diera un ojo a cambio. De todas las cosas en el Universo, Odín buscaba sabiduría, así que sacó su ojo y lo dejó caer en el pozo sin dudarlo. Con este sacrificio divino, Mimir sumergió un cuerno en el pozo para que el dios de un ojo pudiera tomar un sorbo de la corriente de aire cósmica.

El Descubrimiento de las Runas por parte de Odín

Como es evidente en el cuento anterior, Odín es implacable en la búsqueda de la sabiduría cósmica. También está dispuesto a sacrificar cualquier cosa por este deseo infinito. La historia de cómo el Padre de Todo descubrió las runas es otra fuerte indicación de su convincente deseo de entender los misterios del universo. También demuestra su inquebrantable fuerza de voluntad.

Las runas se refieren a las letras escritas utilizadas por los nórdicos antes del uso de las letras latinas en la Edad Media. No son similares a la escritura latina, que es básicamente un alfabeto utilitario, las runas simbolizan fuerzas poderosas o magia. De hecho, el término "runa" significa misterio.

Con un profundo conocimiento de las runas, cualquiera puede interactuar con las fuerzas mágicas del cosmos. Por lo tanto, cuando Odín perseguía las runas, no solo intentaba obtener un conjunto de símbolos o sonidos aleatorios. En su lugar, buscaba un poder que fuera digno de lo divino.

Como ya debes saber, el gran árbol de Yggdrasil está en el centro de la cosmología nórdica. Sus ramas superiores sostienen a Asgard, que es el hogar de las deidades de Aesir, de las que Odín es el rey.

El Pozo de Urd alimenta a Yggdrasil. Este pozo es vasto y profundo y contiene muchos seres poderosos en el universo. Entre estos seres poderosos están los Norns - que son tres doncellas sabias que determinan el destino de todos los seres. Los métodos que usan para formar el destino son tallar runas en el tronco del Yggdrasil. Estas runas llevan las intenciones a través del árbol que impacta el destino de todos los que viven en los Nueve Reinos.

Odín, un incesante buscador de sabiduría, examinó a los Norns de Asgard y desarrolló celosamente su sabiduría y sus poderes. Decidió educarse y estudiar más a fondo los poderes mágicos de las runas.

El origen nativo de las runas se encuentra en el Pozo de Urd, y las runas no se revelan al azar a nadie que no sea digno. Odín tuvo que colgarse en Yggdrasil mientras era atravesado por una lanza. Mientras estaba en esta posición, observó las oscuras aguas del pozo. Para probar su valor, ordenó a las otras deidades que no le ayudaran en ninguna forma. Y así dobló su voluntad e invocó el poder de las runas.

Permaneció colgado en el gran árbol durante nueve días y nueve noches. Al final del noveno día, finalmente descubrió las formas en el pozo. Las runas aceptaron su sacrificio y se revelaron al jefe de los dioses, ofreciéndole no solo sus símbolos sino también sus significados.

Descubriendo el conocimiento de las runas, Odín se transformó en uno de los seres más poderosos del universo. También aprendió los cantos rúnicos que le otorgaron más poderes, como, por ejemplo, cómo lograr el amor, despertar a los muertos, proteger a sus camaradas en la batalla, exponer y derrotar a los practicantes de la magia negra, apagar fuegos, liberarse de las ataduras, atar a sus enemigos y curar las heridas corporales y emocionales.

El secuestro de Idun

Idun es una diosa que vive en Asgard. Aunque se la considera una deidad menor, desempeñó un importante papel como guardiana de las manzanas místicas que permitían a los dioses preservar su juventud. La historia de su secuestro es una de las más importantes de la mitología nórdica.

Un día, tres deidades Aesir - Hoenir, Loki y Odín - emprendieron un largo viaje. Cuando llegaron a una montaña desolada, el trío se detuvo para buscar comida. Sin embargo, el lugar estaba desprovisto de plantas comestibles, así que cuando se encontraron con una manada de bueyes, mataron a uno para alimentarse.

Sin embargo, cuando las deidades calentaban la carne sobre el fuego, éste no se cocinaba independientemente de la intensidad del fuego, o de la duración de la cocción de la carne. De repente, escucharon una voz sobre ellos de una gran águila posada en un árbol.

El águila dijo que era él quien impedía que la carne se cocinara por arte de magia. El águila mística dijo que liberaría el hechizo si los dioses le daban una parte de su comida. Los dioses, aunque irritados, estuvieron de acuerdo con poca o ninguna opción, mirando al águila mientras volaba y mordía la mayor parte de la carne disponible.

Loki encontró esto injusto, así que tomó una rama del árbol y comenzó a azotarla ferozmente hacia el águila. El águila fue rápida y demasiado veloz para él y agarró la rama que estaba sujeta a Loki y lo hizo volar por los aires. El dios asustado suplicó una vez más por su vida, pero el águila se negó a hacerlo. Resultó que el águila había cambiado su forma original de jotun. Para escapar de las horribles circunstancias, Loki prometió que entregaría las manzanas de Idun al jotun llamado Thjazi.

Cuando los dioses regresaron a Asgard, Loki visitó inmediatamente a Idun y mintió al decir que había descubierto manzanas que son mucho más dulces y mágicas que las que crecen en Asgard. El astuto dios le pidió a Idun que lo siguiera al bosque y que trajera sus preciadas manzanas para compararlas. Idun accedió a seguir a Loki, y cuando finalmente llegaron al bosque, la diosa fue capturada por Thjazi y llevada a su casa conocida como Thrymheim, situada en un alto pico de la montaña con capas de hielo.

Sin Idun, las deidades de Aesir, poco a poco fueron capturadas por la vejez. Sus cabellos se volvieron grises, su piel se arrugó y su fuerza disminuyó. Odín convocó una reunión de emergencia y preguntó a las deidades sobre la ausencia de Idun. Solo entonces se descubrió que la diosa había sido secuestrada por el gigante debido a las artimañas de Loki.

Las deidades capturaron a Loki y lo obligaron a divulgar lo que sucedió con respecto a Idun. Loki suplicó y reveló lo que había hecho. Odín ordenó a Loki que liberara a Idun y amenazó al astuto dios con que si no la rescataba sería brutalmente ejecutado.

Freya le prestó a Loki sus plumas de halcón, permitiendo que cualquiera que las tuviera se convirtiera en un halcón para acelerar la misión. Loki voló inmediatamente a Jotunheim para encontrar a Thrymheim. Cuando llegó a su destino, descubrió que el gigante había salido al mar en un viaje de pesca, y había dejado a Idun sola. Loki rápidamente convirtió a Idun en una manzana y escapó del reino del gigante agarrando fuertemente a Idun con sus garras.

Al regresar de su pesca, Thjazi descubrió que Idun había desaparecido. Cambió su forma a la de un águila y persiguió a Loki. El jotun se acercaba al astuto dios y estaba a punto de atraparlo. Las deidades de Aesir notaron la persecución, e inmediatamente rodearon las paredes con leña. Aún aferrándose a Idun, Loki logró entrar en la barrera, y los dioses encendieron el fuego. La leña estalló en llamas, y el gigante no tuvo tiempo de escapar quemándose en el aire.

El matrimonio de Njord y Skadi

La historia del matrimonio de Njord y Skadi comienza donde concluye el secuestro de Idun.

Mientras las deidades de Aesir estaban en medio de una celebración en Asgard por su victoria contra Thjazi y el regreso de Idun a su reino, un invitado no deseado llegó a la sala de los dioses.

Era la hija de Thjazi, llamada Skadi, que había llegado a Asgard con una armadura completa para buscar venganza por la muerte de su padre. Los dioses pudieron masacrar a la gigante con facilidad, pero decidieron no derramar más sangre innecesaria. Por lo tanto, fueron pacientes con la gigante y la sobornaron para que aceptara sus regalos en lugar de continuar su venganza.

Como parte de la reparación, Odín tomó los ojos de Thjazi y místicamente los arrojó al cielo nocturno donde se convirtieron en estrellas brillantes. La gigante estaba encantada, pero declaró que no era suficiente.

Posteriormente, las otras deidades prometieron hacer reír a la gigante. Todas las deidades lo intentaron, pero para su sorpresa ninguno de los dioses fue capaz de conseguir ni siquiera una pequeña risa de la giganta. Finalmente, Loki atrapó una cabra y la ató a un extremo de una cuerda, y el otro extremo alrededor de sus testículos. Comenzó un juego de tira y afloja con la desafortunada cabra. Ambos aullaron y gritaron hasta que al final Loki cayó en el regazo de la gigante, quien se rió.

Aún así, no fue suficiente. Finalmente, la gigante exclamó que solo abandonaría su voluntad de vengar a su padre casándose con un habitante de Asgard. Los dioses accedieron, pero solo si ella elegía a su marido con la vista puesta solo en sus pies y piernas. Skadi eligió el más hermoso par de piernas entre los dioses, pensando que pertenecían al guapo Baldur. Pero resultó que esas piernas pertenecían a Njord, el dios del mar.

Y así, Skadi y Njord se casaron en Asgard, y su boda fue magnífica. Después de su boda, tuvieron que elegir un lugar para asentarse. El hogar de Njord era un lugar cálido y brillante llamado Noatun. Era lo opuesto al lugar de Skadi, Thrymheim, que era un lugar frío y oscuro en los picos de las montañas donde el invierno nunca termina.

No podían elegir, así que decidieron intentar vivir en el lugar del otro durante un cierto período de tiempo. Primero pasaron nueve días y noches en Thrymheim. Njord declaró que el lugar era repugnante. Después, pasaron nueve días y noches en Noatun. Skadi declaró que el lugar era demasiado brillante para que le resultara imposible dormir. Con tal indecisión, Skadi se cansó y los dos caminos se separaron.

Las ataduras de Fenrir

Mientras Loki vive con las deidades de Aesir en Asgard, es un jotun, y ha dado a luz a niños que eran aterradores. Su matrimonio con la gigante Angrboda había resultado en tres horribles hijos. El primogénito fue Jormungand, la serpiente gigante que invadió Midgard. La segunda era Hel, la gobernante del inframundo. El tercer niño fue el lobo llamado Fenrir.

Las deidades de Aesir tuvieron horribles premoniciones sobre su destino con la existencia de estos niños. La era de los dioses

Aesir terminaría más tarde cuando el Ragnarok atacara, y estos seres jugarían un papel importante. Jormungand está destinado a matar a Thor durante el fin de los tiempos que será causado por la negativa de Hel a liberar al dios Baldur del inframundo. Durante el Ragnarok, Odín también está destinado a ser devorado por Fenrir el lobo.

Para mantener a estos devoradores bajo control, Odín desterró a Jormungand al océano donde invade Midgard. Por otro lado, Hel fue confinada al inframundo. Fenrir era el más temible, así que vigilaban de cerca al joven lobo. El dios de la guerra Tyr fue el único que se atrevió a cuidar de Fenrir.

Debido a su sangre jotun, Fenrir creció a un ritmo inquietante, y por eso las deidades Aesir consideraron importante que dejara Asgard pronto. Sabiendo bien cuánto daño podría causar el lobo si le permitían vagar por los Nueve Reinos, los dioses Aesir trataron de atarlo usando cadenas encantadas.

Mientras Fenrir crecía, su mente era todavía la de un joven cachorro. Los dioses lo engañaron para que pensara que lo ataban para probar sus fuerzas. Probando numerosas cadenas, ninguna restricción podría atar al lobo jotun.

Odín decidió emplear los servicios de los enanos, que están entre los más hábiles artesanos del Universo. Los enanos fueron capaces de hacer una cadena que es magníficamente robusta. Esta cadena mágica fue hecha con la saliva de un pájaro, el aliento de un pez, las raíces de las montañas, la barba de una mujer y las huellas de un gato. Estas cosas simplemente no existen y por lo tanto cualquier lucha por ser libre es inútil. La cadena se llamaba Gleipnir.

Cuando las deidades Aesir le presentaron a Fenrir la nueva cadena, el joven lobo dudó de las intenciones de los dioses. Por lo tanto, solo accedió a probar la nueva cadena si un dios o una diosa le ponía una mano en las mandíbulas como garantía. Cumplir un juramento es importante para los dioses, así que nadie se atrevió a aceptar los términos de Fenrir.

Finalmente, Tyr, el inquebrantable dios se ofreció a cumplir la demanda de Fenrir. Así que los dioses ataron a Fenrir, y después de que el lobo no pudo escapar de la cadena mística, se mordió y se tragó la mano de Tyr.

Fenrir fue desterrado a un lugar desolado, y la cadena fue atada a una gran roca. Los dioses colocaron una espada entre las mandíbulas del lobo para que permanecieran abiertas y no supusieran una amenaza. Se cree que permanecerá en ese estado hasta que llegue el Ragnarok.

La historia de Utgarda-Loki

Un día, Thor y Loki se fueron de viaje empujados por el carro de Thor tirado por cabras. Por la noche, encontraron la casa de un granjero donde fueron recibidos como invitados. A cambio de su cálida hospitalidad, Thor sacrificó sus cabras para que todos pudieran disfrutar de una suntuosa cena. Estas cabras abrazaron poderes mágicos que permitieron a Thor traerlas de vuelta a la vida. Cuando el grupo terminó de cenar, Thor puso los cueros en el suelo e instruyó a los anfitriones para que pusieran los huesos en los cueros.

El granjero tenía dos hijos, una hija llamada Roskva y un hijo llamado Thjalfi. A pesar de la estricta instrucción de Thor, el chico rompió los huesos de las patas de las cabras para beber a sorbos en la médula.

A la mañana siguiente, Thor devolvió la vida a las cabras. Sin embargo, una de ellas tenía una pierna coja. Thor sospechó instantáneamente lo que había sucedido, y se enojó. Amenazó con matar a la familia, pero el granjero suplicó por sus vidas y en su lugar le ofreció sus hijos para que los sirviera. Por lo tanto, Roskva y Thjalfi se convirtieron en los sirvientes de Thor.

Y así los dos dioses y los dos niños continuaron el viaje para llegar a Jotunheim, cruzando amplios mares y espesos bosques a lo largo del camino. Por la noche, descubrieron un salón abandonado y decidieron pasar la noche.

Durante el sueño profundo, la fiesta fue empujada por un fuerte terremoto. Un gigante dormido cuyos ronquidos podían sacudir y hacer retumbar la tierra rápidamente los puso de pie. Thor, que naturalmente odiaba a los gigantes, apuntó su martillo en anticipación a la muerte del gigante. Sin embargo, el gigante se despertó inesperadamente y retumbó su nombre: Skrymir. Skrymir se jactó de que conocía a Loki y a Thor y explicó que no era una amenaza.

Resultó que el gran salón donde Thor y su compañía se establecieron era de hecho un guante del gigante. El gigante se ofreció más tarde a unirse a ellos en su búsqueda, en la que Thor estuvo de acuerdo y juntos continuaron su viaje.

Cuando la noche siguiente superó la fiesta, descansaron bajo un gran roble. Skrymir había estado llevando todas las provisiones del grupo dentro de su bolsa gigante y descansó en la bolsa para su comodidad. A pesar de su fuerza, Thor no pudo abrir la bolsa para recuperar algunas de sus pertenencias mientras el gigante yacía en un profundo sueño. Se irritó tanto que golpeó al gigante en la frente con tanta fuerza que pensó que lo mataría y su cuerpo se desmoronó hasta convertirse en polvo. Sin embargo, el gigante se despertó tranquilamente rascándose la cabeza pensando que una hoja había caído sobre él.

Más tarde esa noche, el ronquido de Skrymir fue otra vez tan fuerte que sonaba como un enorme trueno. El dios del trueno se impacientó terriblemente y decidió matar al gigante de una vez por todas. Thor martilló a Skrymir en la frente de nuevo. Pero al igual que antes, Skrymir se despertó y preguntó al grupo si una rama había caído en su frente.

Justo antes del amanecer, Thor intentó por última vez matar a Skrymir, pero el gigante concluyó que no era rival para el poderoso martillo de Thor. Thor se irritó tanto que no tuvo más remedio que pedirle a Skrymir que se fuera y se abstuviera de continuar la búsqueda con el grupo.

El gigante accedió gentilmente y el grupo continuó su viaje hacia Jotunheim. El grupo llegó a su destino alrededor del mediodía. Sin embargo, descubrieron que la puerta estaba cerrada con llave y para permitir el paso tendrían que atravesarla. Con un rápido golpe del martillo de Thor, los cerrojos se desarticularon y cayeron en pedazos al suelo.

Al entrar en la puerta, descubrieron una sala con muchos hombres que celebraban. Entre ellos estaba Utgarda-Loki, que era el rey del castillo en el que había entrado el grupo. El rey gigante reconoció a los dioses y se rió de su pequeño tamaño.

Loki buscó salvar su dignidad, así que declaró con orgullo que nadie en el castillo podía ganarle en un concurso de comida. Utgarda-Loki desafió al astuto dios a demostrar sus declaraciones a través de un concurso. El oponente de Loki era Logi.

La mesa estaba llena de carne para los dos contendientes. Logi estaba en un extremo y Loki en el otro. El desafío era conseguir llegar primero al medio comiendo en el buffet. Después de muchos bocados, los dos contendientes se encontraron en el medio exactamente al mismo tiempo. Sin embargo, mientras que Loki solo había comido la carne, Logi también había devorado hasta los huesos. Por lo tanto, Logi fue declarado victorioso.

Thjalfi, era un corredor rápido y después de la derrota de Loki planteó un desafío de carrera. Utgarda-Loki aceptó el desafío y le pidió a su campeón llamado Hugi que compitiera. Desafortunadamente, Hugi era mucho más rápido que Thjalfi y llegó fácilmente al final de la línea dejando a Thjalfi sin aliento. Los dos concursantes corrieron tres veces para probar un verdadero resultado, y Hugi ganó cada vez.

Finalmente, Thor dejó de rascarse la cabeza y desafió a los habitantes del castillo a un concurso de beber. Ahora, Thor es conocido por su voraz apetito por la bebida, especialmente por el aguamiel. Utgarda-Loki ordenó a un sirviente que trajera un tipo de cuerno para beber. Cuando se presentó ante el dios del trueno, el rey del castillo le informó de que quien terminara de beber licor del cuerno primero sería declarado el mayor bebedor.

Thor agarró el cuerno para calmar el aguamiel, pero para cuando se detuvo a recuperar el aliento, el nivel de aguamiel en el cuerno se había repuesto. Confundido, volvió a beber el aguamiel. Una vez más, cuando se detuvo a tomar aliento, el cuerno se volvió a llenar de aguamiel hasta el borde. Lo intentó por tercera vez y volvió a fracasar al ver como los que le rodeaban se reían de forma divertida.

Utgarda-Loki incluso desafió a Thor a intentar levantar su gato, pero el dios del trueno tampoco lo logró. Claramente irritado, Thor propuso otro desafío de lucha libre. Utgarda-Loki ordenó a Elli, una vieja sirvienta, que luchara con Thor. Pero de nuevo, el dios del trueno perdió ante ella con asombro.

Después de este último desafío, Utgarda-Loki decidió dar por terminada la noche y la compañía de Thor será bienvenida como huéspedes en el castillo por traer un entretenimiento tan grande.

Por la mañana, Thor y sus compañeros se despertaron y se prepararon para salir del castillo. Pero antes de partir, Utgarda-Loki convocó al grupo para revelar lo que realmente sucedió en los desafíos de la noche anterior.

Utgarda-Loki explicó que Loki lo había hecho sorprendentemente bien en el concurso de comida, porque estaba compitiendo contra el propio fuego. También Thjalfi, era de hecho la velocidad de la luz y Thjalfi no tenía ninguna posibilidad. El cuerno que se usó para el desafío de beber de Thor estaba conectado al océano. Utgarda-Loki estaba realmente asustado de que Thor continuara bebiendo todo el mar. El gato del castillo era en realidad Jormungand, y Thor luchó contra la vejez en el desafío final.

Thor estaba enojado por otra humillación, que en su furia intentó matar a Utgarda-Loki, pero el castillo desapareció repentinamente en un abrir y cerrar de ojos y el grupo se quedó asombrado sin nada a la vista, nada más que una vasta llanura.

La pesca de Jormungand

Un día, las deidades de Aesir decidieron hacer una fastuosa celebración en honor de Ran y Aegir, las deidades del mar. Los dos dioses del mar se ofrecieron para organizar el banquete, pero solo con una condición. Los dioses deben proporcionar una tetera gigante lo suficientemente grande para preparar aguamiel para todos los invitados.

En todo el universo, los dioses sabían que solo Hymir, un gigante, poseía una tetera gigante lo suficientemente grande para la celebración. Thor se ofreció para ir a la casa de Hymir y pedir prestada la tetera gigante.

Cuando Thor llegó a la morada de Hymir, el gigante sacrificó tres toros para la cena de los invitados. Sin embargo, el gigante se sorprendió y decepcionó cuando el dios del trueno se comió dos toros enteros a la vez. Thor era conocido por su gran apetito. Por eso, el gigante enojado le pidió a Thor que lo acompañara a pescar por la mañana para conseguir más comida.

Al día siguiente, el gigante le pidió a Thor que reuniera carnada de pesca. El dios del trueno fue a los pastos del gigante y mató a los toros más grandes para que pudieran usar sus cabezas como cebo. Hymir se enfadó de nuevo por la acción del dios del trueno, pero permaneció tranquilo ya que esperaba que la fuerza y determinación de Thor le ayudara en su viaje de pesca.

Los dos abordaron el barco pesquero, y el dios del trueno se sentó en la popa. Remó el bote hasta el mar, e inmediatamente engancharon dos ballenas. Después de enrollarse en las ballenas gigantescas. Thor comenzó a remar el bote cada vez más lejos en el mar. En previsión de esto, Hymir comenzó a tener miedo y le pidió a Thor que remara de vuelta, ya que las aguas que estaban delante estaban en el reino de Jormungand, el archienemigo de Thor.

El dios del trueno dejó caer los remos y lanzó su sedal al mar sin dudarlo. Después de un corto tiempo, Thor sintió un fuerte tirón. Mientras tiraba del sedal, un violento estruendo sacudió su barco de pesca. Hymir nunca antes había estado tan asustado y le rogó a Thor que se detuviera. Pero el dios del trueno persistió.

De repente, la cabeza de Jormungand apareció fuera del agua, y con incredulidad Thor rápidamente alcanzó su martillo. Pero el gigante cortó la cuerda en un pánico sorprendido. Thor perdiendo la oportunidad de matar a su enemigo comenzó a hervir de rabia. Tomó al gigante y lo arrojó al océano, arrebató las dos ballenas, viajó de regreso a la casa de Hymir, y comenzó el viaje de regreso a casa junto con la caldera gigante.

El Disfraz de Thor

Un día, Thor descubrió que su poderoso martillo, Mjolnir, había desaparecido. Era una situación crítica en Asgard, porque este místico martillo (forjado por los enanos) es su arma más poderosa contra el jotun o cualquier enemigo. Con pánico, las deidades buscaron a Mjolnir pero no lo localizaron en Asgard.

La diosa Vanir, Freya, poseía unas místicas plumas de halcón que permitían a su portador transformarse en un halcón. Le prestó estas plumas a Loki para que atravesara a paso rápido para encontrar a Mjolnir. El astuto dios se transformó en halcón y voló para buscar el martillo. Instantáneamente pensó que los jotuns tomaron la preciada posesión, así que cabalgó hasta Jotunheim.

Cuando Loki llegó a Jotunheim, inmediatamente marchó hacia el rey de los gigantes llamado Thrym. El astuto dios le preguntó sobre el paradero del martillo. El jefe de los jotuns respondió que Loki estaba en lo cierto al asumir que los jotuns arrebataron el martillo y lo enterraron profundamente bajo Jotunheim. También añadió que solo devolverá a Mjolnir si la encantadora Freya toma su mano en matrimonio.

Loki regresó a Asgard y les dijo esta condición a los dioses. Naturalmente, todos estaban furiosos, especialmente Thor y Freya. Después de mucha deliberación, Heimdall sugirió un plan creativo y astuto. Propuso que Thor podría viajar a Jotunheim disfrazado de Freya, encontrar a Mjolnir y castigar a los ladrones de Jotun.

Inicialmente, Thor no estuvo de acuerdo porque pensó que llevar la ropa de una mujer parecería poco masculino. Además, la reacción y las burlas de los otros dioses lo perseguirían para siempre. El dios del trueno finalmente accedió al disfraz cuando Loki explicó la importancia de que sin Mjolnir, Asgard podría estar pronto bajo la amenaza de los jotuns. Thor aceptó el plan.

Y así el dios del trueno fue vestido con un hermoso vestido y se transformó en Freya. Cuando Thor estuvo listo, Loki se ofreció a acompañarlo como una sirvienta transformada. La pareja viajó en un carro tirado por cabras y juntos viajaron a Jotunheim. Acogidos por el gigante Thrym, con lágrimas de alegría en sus ojos que al fin los dioses de Aesir se habían inclinado ante sus condiciones.

Durante la cena, Thor y Loki se descubrieron a sí mismos en una situación un poco difícil. Thor, con su voraz apetito, tragó fácilmente un buey entero asado y bebió un barril entero de aguamiel y Loki poco tiempo después. Esto hizo que Thrym sospechara mucho de la pareja, y proclamó que nunca había visto una diosa con tanto apetito. Loki razonó que Freya (que en realidad era Thor) estaba tan hambrienta debido a su nostalgia por el jefe de los jotuns.

Thrym aceptó esta razón, y pidió besar a su novia. Buscando un beso, Thrym atrapó los ojos de Thor mirándolo fijamente. Una imagen que podría quemar un agujero. Declaró que nunca había visto una diosa con ojos tan ardientes. Loki, el dios más astuto, razonó que Freya no podía dormir bien debido a su nostalgia por el jotun.

La ceremonia de la boda pronto comenzó. Para bendecir su unión, Thrym ordenó que Mjolnir fuera traída al mundo. Cuando el martillo de Thor fue puesto en su regazo, inmediatamente agarró el mango y exterminó a Thrym incluyendo a todos los jotuns invitados presentes en la boda. Loki y Thor se apresuraron a volver a Asgard. El dios del trueno y el astuto dios se volvieron a poner sus ropas de armadura.

El Duelo de Thor con Hrungnir

Hrungnir era conocido como uno de los seres más poderosos entre los jotuns. Un día, Odín decidió visitar a este poderoso jotun en Jotunheim. Al principio, Hrungnir no reconoció al Padre, así que interrogó al desconocido con el ruidoso caballo que podía cabalgar por el agua y el aire.

Al escuchar este insulto a su llegada, Odín apostó a que Sleipnir (el caballo que montaba) es el caballo más rápido del Universo. Hrungnir se irritó por esta escandalosa declaración y aceptó el desafío, montando su caballo llamado Gullfaxi.

Y así, Odín y Hrungnir corrieron a través de espesos bosques, colinas rocosas, agua y barro. Antes de que se diera cuenta, la carrera había terminado y encontró a Odín esperándole pacientemente en la línea de meta. Mientras Hrungnir perdía la carrera por un margen tan impresionante, Odín todavía le invitaba a beber y a celebrar con los dioses.

Después de beber barril tras barril de aguamiel, Hrungnir se emborrachó y perdió el control. Incluso declaró que masacraría a todos los dioses, excepto a la diosa Freya y a Sif, la esposa de Thor. Dijo que llevaría a estas diosas a Jotunheim y que se convertirían en sus novias.

Thor oyó hablar de la beligerancia del gigante. Así que levantó a Mjolnir y se preparó para matar al gigante en ese mismo momento. El gigante exclamó que Thor quedaría marcado para siempre como un cobarde si no permitía una pelea justa. Hrungnir añadió que en su lugar deberían batirse en duelo. Como un dios noble, Thor aceptó el desafío.

Durante el tiempo y el lugar acordados, Hrungnir llegó con un escudo de piedra y usó una piedra de afilar para su arma. En segundos, Hrungnir oyó un trueno y comenzó a presenciar el impacto de un rayo desde arriba, y Thor bramó delante de él. El dios del trueno lanzó su martillo con una fuerza implacable al jotun, a cambio Hrungnir azotó su piedra de afilar hacia Thor. La piedra estalló contra la cabeza de Thor y se rompió en muchos pedazos pequeños. Se dice que los restos de la piedra de afilar se convirtieron en los pedernales esparcidos por el reino humano, Midgard. Mjolnir también golpeó la cabeza del gigante y causó un gigantesco golpe que hizo que el gigante se desmoronara.

Un diminuto trozo de la piedra de afilar del gigante se alojó en la cabeza del dios del trueno. Para acelerar la recuperación, Thor se dirigió a una hechicera llamada Groa, que cantó hechizos sobre la piedra con la esperanza de que desapareciera. Mientras Groa quitaba la piedra, Thor se animó a contarle sus maravillosas historias de sus aventuras para distraerle del procedimiento. Sin embargo, esto fue contraproducente porque Groa estaba tan intrigada que se olvidó de completar sus cantos. Y así, la roca permaneció en las cejas de Thor hasta que la llegada del Ragnarok.

La muerte de Baldur

La muerte de Baldur es una de las historias más populares de la mitología nórdica. Cuando el dios de la luz comenzó a soñar con su muerte, su madre Frigg, viajó por todo el mundo para pedir a cada ser (vivo o no vivo) una promesa de no dañar a su amado hijo. Como resultado, Baldur se volvió invencible. Los dioses se entretenían lanzando armas y cualquier objeto a su alcance, pero todo rebotaba en él como cumplimiento de su promesa de no dañar al dios.

El dios del engaño, Loki, percibió la oportunidad de hacer daño. Visitó a Frigg y le preguntó si había pasado algo por alto cuando pedía las promesas divinas. Resultó que la diosa pensó que el inofensivo muérdago era tan insignificante que se saltó el pedir una promesa. Sabiendo que la información era muy poderosa, Loki fabricó una lanza hecha de muérdago y persuadió a Hodr, el dios ciego, para que lanzara el arma hacia Baldur. La lanza empaló brutalmente al dios, matándolo instantáneamente.

Los asgardianos afectados ordenaron al dios Hermod que viajara rápidamente al inframundo para pedir a la diosa Hel que resucitara al dios de la luz. Cuando Hermod llegó a Hel, descubrió a Baldur, ahora lúgubre y pálido, sentado en el asiento de honor junto a la diosa del inframundo.

Hermod le rogó a la diosa que liberara a Baldur de sus garras, y después de mucho esfuerzo, la diosa accedió a revivir a Baldur con una condición. La condición implicaba que todos los seres del mundo lloraran por Baldur, para probar la afirmación divina de que el dios era universalmente amado.

Entendiendo las demandas de la diosa, Frigg nuevamente recorrió rápidamente el mundo para pedirle a todo el mundo que llorara por el dios más brillante. De hecho, todos lloraban con tristeza por Baldur, excepto por una gigante llamada Pokk, que se suponía que era el propio Loki en una forma alternativa. Y así, Baldur permanecería en Hel hasta el día del Ragnarok.

La atadura de Loki

No hay una explicación clara de por qué Loki, a pesar de su sangre jotun, vive con las deidades Aesir en Asgard. De hecho, siempre había causado muchos problemas a los dioses. Causó muchas travesuras entre los dioses e incluso entre los humanos. Sin embargo, después del daño que causó en torno a la muerte de Baldur, Odín decidió que había abusado del favor de los dioses y no tuvo más remedio que castigarlo severamente.

Sin embargo, Loki escapó de Asgard y huyó a la cima de una montaña, donde se construyó una morada con cuatro puertas. Las cuatro puertas le permitían a Loki explorar a cualquiera que viniera de las cuatro direcciones. Durante el día, se convirtió en un salmón escondido en un río cercano. Por la noche, se sentaba junto al calor del fuego soñando con planes para distraer a las deidades si alguna vez lo encontraban.

A pesar de los esfuerzos de Loki por evadir a Odín, el Padre de Todo se las arregló para descubrir su ubicación. Cuando Loki vio a las deidades de Asgard acercándose a la montaña, prendió fuego a una red de pesca para causar distracción y volvió a cambiar de forma en un salmón para esconderse en las profundidades del río. Cuando Odín vio la red en llamas, supuso que el astuto dios estaba intentando distraerlos. Las deidades inmediatamente tejieron su propia red de pesca y maniobraron hacia el río especulando que Loki se había transformado en un pez para ocultarse.

Las deidades trataron varias veces de lanzar la red al río, pero fallaron sistemáticamente en atrapar a Loki en su escamosa forma de salmón. Finalmente, Loki salió del agua en un salto de fe hacia el océano. Pero mientras estaba en el aire, Thor sacó su brazo y atrapó el escurridizo salmón. Loki se retorció en las garras del dios del trueno, pero el dios de la guerra lo sujetó fuertemente por la cola. Se dice que esta es la razón por la que el salmón tiene una cola delgada.

Capturado, el astuto dios sin opciones se vio obligado a transformarse de nuevo en su forma original. En consecuencia, Odín trajo a los dos hijos de Loki, transformando a uno de ellos en un lobo que devoró salvajemente al segundo hijo de Loki. Los dioses posteriormente ataron a Loki dentro de tres piedras dentro de una cueva usando las entrañas de su hijo sacrificado. Las entrañas serían luego encantadas por Odín y distorsionadas en resistentes cadenas de hierro.

La gigante Skadi enrolló una serpiente venenosa alrededor de una roca sobre la cabeza de Loki donde goteó veneno sobre el rostro del dios pícaro. Entristecida por su severo castigo, Sigyn (la esposa de Loki) se ofreció a quedarse al lado de su marido y atender sus necesidades. Sostuvo un tazón para atrapar el veneno de la serpiente. Pero cuando el tazón se llenó de veneno, Sigyn tuvo que abandonar a Loki para arrojar el veneno fuera de la cueva.

Durante este tiempo, las gotas que caían en la cara de Loki le hacían temblar violentamente. Con un dolor tan agonizante, sus temblores harían que se produjeran terremotos en todo el camino hasta Midgard. Este es el destino de Loki y Sigyn hasta la llegada del Ragnarok donde Loki será liberado de las cadenas y ayudará a los gigantes a destruir a Asgard.

Ragnarok

Aunque los dioses y diosas nórdicos pueden vivir mucho más tiempo que los humanos, no son inmortales. Es evidente en la historia de la Muerte de Baldur que las deidades de Aesir y Vanir pueden morir.

Según la profecía nórdica, el cosmos (a lo largo de los dioses y diosas) está destinado a terminar. Se dice que la primera de estas profecías ya ha sucedido (el nacimiento de Fenrir, Jormungand y Hel; la muerte de Baldur y el castigo de Loki). Los dioses sabían que tenían que enfrentar su destino y que su tiempo terminaría eventualmente.

Sin embargo, no se desesperan por tal destino. De hecho, se preparan para este trágico destino. Odín construyó el Valhalla, donde alberga a los guerreros más fuertes, valientes y heroicos para que le ayuden en la batalla durante el Ragnarok. Pero en el fondo, Odín sabía que en realidad sería derrotado.

Al llegar el Ragnarok, Loki y su hijo Fenrir serían liberados de sus cadenas y comenzarían a destruir los Nueve Reinos. Esta devastación haría temblar a los Yggdrasil. Una gran horda de jotuns golpearía las puertas de Asgard lideradas por el regreso de Loki. Heimdall tiene la tarea de hacer sonar su Gjallarhorn para advertir a los asgardianos de cualquier ataque que se aproxime.

Los jotuns ciertamente destruirían Asgard con toda la furia que tienen en su poder. Se pronostica que Fenrir matará tanto a Odín como a Tyr. No antes de que muchos guerreros en Ragnarok luchen valientemente y mueran a su lado. Thor y su archienemigo Jormungand se matarán entre sí en un sangriento duelo. Mientras tanto, Loki y Heimdall también se matarán entre ellos.

Una vez que el Ragnarok termine, el cosmos comenzará a sanar. La tierra dañada se hundiría de nuevo en el mar. Los reinos estarían en silencio y en calma hasta que el ciclo de la vida comience de nuevo. Al final, Baldur resucitaría, y una nueva pareja humana llamada Lif y Lifthrasir nacerían para repoblar Midgard junto con los restantes dioses vivientes. Aunque muchos de los dioses y jotuns ya no existen, el mal que los rodeaba sí estará entre ellos.

Conclusión

Antes de que la influencia de la marea del cristianismo se extendiera a la mayor parte del mundo occidental, la magia y la tradición eran ricas en la vida de los nórdicos. Estos grandes hombres y mujeres del saber popular nos hablan de batallas glorificadas, fuertes linajes nobles y honor frente a la adversidad. Celebramos las increíbles historias de Loki y Frigga, el poderoso Thor y el todopoderoso Odín. Los anales de la historia nos han ofrecido el gran regalo de estudiar y entender esta magnífica cultura.

Lectores jóvenes y viejos por igual tienen la oportunidad de explorar esta fascinante y asombrosa colección de historias religiosas y ricas tradiciones pertenecientes a un sistema de creencias tan complejo. Descubre por ti mismo la magia y el misterio de las historias de Baldur, Heimdall e Idun. Descubre la antigua historia de la fortificación de Asgard, el gran reino de los dioses nórdicos, y la escalofriante historia detrás de la atadura de Fenrir.

Aunque han pasado miles de años desde que estas historias culturales se compartieron por primera vez en las forjas y hogueras de las poblaciones nórdicas, todavía entran y nos inspiran con las grandes hazañas de la raza humana y los increíbles dioses que las vigilaban. Encuentra tu inspiración en las historias de los grandes dioses y diosas que una vez fueron adorados por los vikingos.

www.ingramcontent.com/pod-product-compliance
Lightning Source LLC
Chambersburg PA
CBHW071755080526
44588CB00013B/2242